이 강 일 시집

그래서 사과가 붉는다

제3의 문학

서문

세월의 내력

인생은 화살처럼 빠른 가 봅니다.
고향을 떠나 오랜 세월동안 낙엽 같은
여정의 흔적을 남기며 여기까지 왔습니다.
열심히 때로는 성급하게 재촉하며 달려왔다고 생각합니다.
어떤 사람들은 이런 이야기를 합니다.
그렇게 살아서 무얼 하느냐 몸을 생각해야지
저도 공감은 합니다.
하지만 상처 받은 이웃들과
희망, 행복, 축복을 어떻게 나누며 살아야할지
무거운 어깨를 기도에만 내려놓았습니다.
그럼에도 오늘은 사과나무를 심어야 합니다.
세상의 이웃과 함께 언어의 삽을 들겠습니다.
그리고 더 매를 맞겠습니다.
감사하는 마음으로 다시 창을 열겠습니다.
감사합니다.

2019년 눈꽃이 피는 날에

이 강 일

차 례

| 序文 | · 3

제1부_ 보이지 않는 곳에서

그 빛 속으로 · 11
꿈의 빛과 그림자의 현실 · 12
익어간다는 건 · 13
호숫가 빈 의자처럼 · 14
장마 비 · 15
잘린 나무는 · 16
이해와 용서 · 17
태풍의 바람 · 18
보이지 않은 곳에서 · 19
봄비의 기적 · 20
웃어주는 자의 얼굴 · 21
자연의 색 · 22
세월 가는 동안 · 23
집단생활의 조화 · 24
생존의 법칙 · 25
오늘도 · 26
생명 · 27
부족한 것 같으나 · 28
바라는 마음 · 29
긴 세월동안 · 30
믿어주는 자의 미소 · 31
생각 하시다가 · 32
한 송이 꽃이 되어 · 33
머리 숙인 벼 · 34

차 례

민들레 홀씨처럼 · 35
더불어 사는 삶 · 36
달이 주는 선물 · 37
그래서 사과가 붉는다 · 38
앎 · 40
꿈의 변천 · 41
동전 한 닢 · 42
바라보는 것 · 43
능력과 봄의 그림자밟기 · 44

제2부_ 담벼락의 변신

그대와 함께라면 · 47
숲속 나무들의 속삭임 · 48
이름 모를 꽃 · 49
추억의 끼니 · 50
어우른다는 건 · 51
헤어짐 · 52
성급함이란 · 53
꽃의 진실 · 54
떠난 후 · 55
매미의 고귀한 일생 · 56
낙엽의 환원 · 57
커피 한 잔을 마시며 · 58
둥지 · 59
아기를 위한 선택 · 60
아빠의 하 · 61

차 례

하늘도화지 · 62
어머니의 마음 · 63
꽃 속의 꽃 · 64
아내의 얼굴 · 65
두 뺨에 닿는 바람 · 66
브겐베리아의 아름다운 표현 · 67
엄마의 손 · 68
산속에서 · 69
고목이 된 목련화도 · 70
그리운 아빠 · 71
긴 머리 · 72
가장 귀한 선물(친고) · 73
귀성길 · 74
산기슭에 피어나는 산국 들이 · 75
담쟁이의 사랑 · 76
숲 향 · 77
희미한 가로등 · 78
담벼락의 변신(벽화) · 79

제3부_ 어둠속에 빛이 있다

새로운 마음 · 83
잡초 같은 인생 · 84
흐르는 세월 · 85
봄에 일어나는 현상 · 86
빗속을 가르며 · 87
참 좋은 친구의 의미 · 88

욕심 때문에 생긴 일 · 89
언제나 오늘 · 90
추위속의 희망 · 91
고된 하루 · 92
기약 없는 약속 · 93
노란 은행잎 · 94
바람 · 95
늦가을의 따스함 · 96
어둠속에 빛이 있다 · 97
시골길의 추억 · 98
겨울이 다 가기 전에 · 99
가을찬미 · 100
국화처럼 · 101
사노라면 · 102
겨울비 오는 새벽녘 · 103
일 · 104
3단계의 길 · 106
가을 문 · 107
강가의 자갈 · 108
꽃의 선물 · 109
가을의 빛깔 · 110
둥지를 떠나는 · 111
바람의 흔적 1 · 112
바람의 흔적 2 · 113
바람의 흔적 3 · 114
가을의 女人 · 115
후회 없는 인생 · 116
어느 날에 시인이 되어 · 117

| 拔文 | 술래와 순례의 변주곡 / 안익수 · 118

1부

보이지 않는 곳에서

그 빛 속으로

어둠은
모든 풍경을
캄캄하게 가라앉히고

강 길 따라 놓여진
소나무와 나무사이로
비추인 그 빛

보이지 않던
빛 따라 헤엄치던
물고기도 보인다

길 잃어
헤매 일 때 빛이 있으나
그 빛의 희망을
누가 입을까

꿈의 빛과 그림자의 현실

당신과 나의 만남이
꿈의 빛과 그림자와
맑은 웃음소리
깨끗한 백합꽃 향기처럼

꿈의 빛과 그림자를 위해
인내와 수고와 땀방울로

낙엽처럼 익어가도
겨우내
떨어지지 않으려는

보금자리를
지켜내려는 모습이
참 아름답고 감사하다

익어간다는 건

봄여름 지나
새 파란 사과, 배, 감

차가운 바람이 일 때
탱탱함으로 속살이
익어가는 것이거늘

자라기만 한 채
익지 못함은 썩음으로 버림을

빨갛게 노랗게
잘 익어가려는 건
모진 고난을 감내하는 일인 것을

호숫가 빈 의자처럼

지글거리는 대낮
가림 막 하나 없이

아무도
찾아오지 않는
호숫가에 빈 의자

할 말을 잃은 채
누군가를 묵묵히
기다리는데

햇살 저물고
어둠이 내릴 때쯤이면
연인들의 의자가 된다

장마 비

여러 날 동안
새벽 댓바람에 내린 빗물
작은 수로에 시냇물 소리

들녘에 심기어진 생명들이
자연의 물맛을 보더니
짙은 녹색 옷으로 갈아입히고

곳곳에 옹기종기 피어나는 꽃들
장마 비가 머문 뒤에
청렴한 하늘 멋지다

잘린 나무는

스스로 자란나무는
키만 자랄 뿐

품격 있는 나무는
스스로 자란다지만

어려서부터 거목까지
숫한 잘림으로
고통과 상처로
눈물을 흘려야 하는

생살을 비집고
새 순을 내미는데

한자리에서
수백 년 자란나무
거목으로 서있다

이해와 용서

숱한 나날에
얽히고설킨 일들로
오해와 다툼이 일고

깨달음은
과오를 벌하지 않고
덮어주는 것으로

의미를 알고
겉으로 이해를 했을 뿐

깊은 곳에서부터
용서가 된 것은

지체하는 것보다
구하면 길이 열릴
새로운 일들이

태풍의 바람

온 세계를 삼킬 듯
무서운 힘을 싣고 닿는 곳마다
아픔과 고통을 주지만

때로는
선물을 안겨주는
생태계와 오염된 공기를 맑게 하고

바람이 갠 후
깨끗이 청소한
하늘이 좋다

보이지 않은 곳에서

보이는 곳에서
드러내고자 하는 이는
좋아 보이나

숨은 곳에서
말없이
할 일을 하는 그 모습이

보이지 않은 곳에서
맺혀진 땀방울은

훗날
커다란 선물로 인정받을 것이다

봄비의 기적

겨우내
한 송이 꽃이
털 달린 잠옷을 입히고

칼바람에
잠옷이 벗어질세라
움츠리며 겨울잠을 이루네

다시는
벗기어지지 않을 듯한
한 송이 꽃의 잠옷이

차가운
빗 망울로 기적을 이룬다

웃어주는 자의 얼굴

웃으며 사는 일들이
넘쳐날 것 같으나
드문 일이다

잘하려는 움직임이
연발적인 실수를
하였다 하자

포기하지 않는 모습을
지켜봐주는 것이
놀라운 변화를 주며

웃어주는 자는
건강한 삶이 일고
얼굴엔 순박한 주름이 난다

자연의 색

손을 보아도
마음대로 바꾸려 해도
바꿀 순 없지만

사람들은
자기 색을 내려다가
이름 모를 색이 되는데

자연 그대로의
색이야말로
최고의 물감이 아닐까

세월 가는 동안

숱한 나날에
무엇을 남길까

좌절, 실패, 원망
용서, 사랑, 성공을

잡을 수 없는 시간 속에
헛되지 않는 흔적을 수놓아
긴 세월 간직할 수 있다면

잎사귀들도
흔적을 남기고
아름다운 꿈을 주듯

먼 훗날
남은 이들에게
미션을 남기고 싶다

집단생활의 조화

넓은 들판에
혼자 있어야 하는 것은

하나를 비우고
여럿을 더하는 일이다

서로서로
모여, 모여
함께 산다는 건
아름다운 동그라미다

생존의 법칙

깊음에 있는
한적한 어느 식당

의자에 앉아
밥을 먹을 수 있다는 건
감사를 해야 하고

엎드린 자세로
밥을 먹을 수 있는 것도
감사를 해야지

한 귀퉁이에 서서
밥을 먹을 수 있다는 것 마저
감사를 해야 할 일이다

오늘도

곧은 나무
병든 나무
휨이 있는 나무들

동일하게 주어진 시간

출발선은 다르나
본분을 다하는데

종일토록
수고한 결실은 각기 달라도

생각은
악과 독으로 갈린다

좋은 생각으로
오늘도 작은 쪽으로

생명

추위를 힘겹게 이겨낸 뒤에
봄(春)의 기운을 체온으로 느끼면서
저 밑에서 부터 녹아지는

한 모금의 생명수를 마시며
홀로 도움 없이 살아가기 위해

몸이 변해가는 것을 느낄 때
보이지 않을 만큼의 조그마한
눈, 새싹, 그리고 꽃망울들

얼마 후에 변해가는 모습이
믿음직 '할' 이 만큼 아름다움을
자아내겠구나

작디작은 생명체 일지라도
생명에 대한 하나님(神)의 섭리는
무한하구나

부족한 것 같으나

살아온 세월
먹을 것
입을 것
필요한 것을

건강한 마음이 아닌
연약한 모습으로
스스로를 비칠 때

꽉 찬 열매처럼
부족한 것 같으나
넉넉함이 풍성하다

바라는 마음

자리에서
기지개를 펴고 일어나
눈을 감아본다

다가올 일에
실망하지 아니하고
형통할 수 있기를

하루가 무사하기를
바라는 마음으로
두 손을 모은다

긴 세월동안

오랜 추억을
　머금은 채
　　우연히 넘긴 책하나

외로이
　잎 하나 코팅이 되어
　　님을 기다리듯
　　　묵묵히 기다리네

무심한 당신
　한 번만 한 번만 이라도
　　　바라봐 주었으면 좋으련만…

믿어주는 자의 미소

메말라 죽을듯한 새싹도
자알 자라줄 거라고
세상에서 제일 예쁠 꺼라 믿을 때
비로소 탐스러운 결실을 맺듯이

위기에 처한 결정마저도
믿어주는 자의 미소는
무엇이든 할 수 있게 하고

반석 같은 나를
오롯이 믿어 주는 것은
현명한 길일지니

생각 하시다가

가련한 인생
작은 일도 큰일도
성실함으로

힘겨움과
고난이 일어도
변하지 않는 감사를

높은 이의 생각은
어떤 상황에도
책임 있는 일을 할 것이라

많은 생각 하시다가
당신에게 주는 것을

한 송이 꽃이 되어

귀엽고
깜찍한
화분에

꽃 한 송이는
걱정거리가
하나도 없어 보인다

태양을 사모하듯
온종일 따라다니는
몸부림이 애잔하구나

근심 걱정 벗어버리고
사랑받고 싶은 까닭에
한 송이 꽃이 피었나

머리 숙인 벼

얇은 바람에도
넘어질 듯한

숱한 재난 속에 쓰러지지 않고
살아가는 모습이 대견 하구나

뜨거운 폭염을 견디어내고
한결 시원한 날씨와 함께

붉은 색의 옷을 입히고
머리 숙인 벼는
머리가 무겁다

민들레 홀씨처럼

돌담 사이로 한 줄기 꽃이
솜털을 여미고 피어나는
홀씨 덩어리

맑고 깨끗하게
사이사이로 속살을 내 놓은 채
묵묵히 누군가를 기다리는 걸까

뭉친 홀씨들이
보금자리를 떠나야 하는
서로를 바라보며 떠날 채비를 하는 듯

이 모습을 바라보며
훅 하고 불어보고 싶은 마음인데

바람에
홀씨 가속은 흩어지고
어디서 피어나
다시 만날까

더불어 사는 삶

세상을 혼자서
산다는 생각에
벗이 속삭이는 핀잔

살다보면
세상을 해칠 수 없기에
짐을 나누고

더러는 나에게
부딪치듯 끈임 없이 주고받음에

세월의 삶이
이웃과 가족의 나눔으로
더불어 사는 사람도

좋은 친구를 얻기 위해선
당신이 먼저 여야 하고
필요한 존재이어야 한다

달이 주는 선물

어두움에
무심코 바라본 달
멀리 비치인 빛의 의미는

절망에
갈 곳 잃어 헤매는

멀리서 아주 먼 곳에서
가장 밝은 빛으로

희망의 길을 열어주네

그래서 사과가 붉는다

세상을 살아가는 방법은 수없이 많지만
인간의 욕구, 마음가짐에 따라서

살아온 세월이 얼마인지 몰라도
다시 시작을 하는 인생관이 있고
다시 시작도 하지 못하는 인생관도 있고
시작은 하였으나 포기하는 인생관도 있다

그러나 생각을 바꾸면
그 무엇인들 못하랴

할 수 있다고 생각하면
그 무엇인들 못하랴

할 수 있다는 두 마음속에는 전쟁이 일어나고
어떤 이는 좌절에 빠지기도 하고
어떤 이는 희망이란 단어가 부끄럽게 하기도 하고
어떤 이는 시작은 했지만 더 이상 나아가지 못하며
어떤 이는 잘 견뎌내어 주기도 한다

우리는 늦었다고 생각할 때에
흔들거리는 갈대의 마음보다는
시골길에 묵묵히 서있는 정자처럼

수많은 사람들을 보듬어 줄 수 있는
그래서 사과가 붉는다

앎

나이를 탓하랴
나라를 탓하랴
부모를 탓하랴

힘겨웠던 세월 지나
알지 못한 서러움이

꽉 찬 나이
배워 보겠노라고
다짐하며 나간자리
사각모 쓰고
함박웃음을 짓는다

꿈의 변천

가냘픈 고사리들은
소박함과 함께
깜찍함과 단순함을,

막 자란 나무는
이상과 함께
사랑과 미래를

열매 맺는 나무는
보금자리와 함께
행복과 성공을

허나
진정한 꿈은
기다림이 아닐까

동전 한 닢

원 속에 쓰여 진
숫자가 무게이건만

어쩌다 없어
잡이지 않는 것은

추억에
동전 놀이로
동전 하나의 소중함은 있다

마트에 카트를
움직이지 못하고
무거운 짐을 지어야 하는 모습이 있다

우 헤헤헤

바라보는 것

산과 들
강과 바다

말로 다는 표현 못해도
신의 선물인 것을

우리 인생도
미물 같아도
마찬가지 인 것을

보이는 것만이
다가 아니니

보이진 않는 듯
곁에 있어
더 높은 곳에 있는 것을

능력과 봄의 그림자밟기

시멘트 바닥처럼 꽁꽁 얼어붙었던 地을
뚫고 나오기 위하여 야금야금 녹여가며 힘을 다하고
누구의 도움도 없이 홀로 온 力을 다하고

혹여나 力이 들까봐 밤이 새도록 雨가 내리네
딱딱하게 얼어붙었던 地은 밤이 새도록 서서히 녹아지
는데
보일 듯 말 듯 자그마한 새싹이 보이려 하네

지쳐서 흐느적거리며 얇디얇은 연 푸른 몸을 드러내
는데
아직 부끄러운 듯 고개들 들지 못하고
머리를 숙인 채 살포시 미소를 짓고 있네

혹여나 갓 태어난 어린 새싹들이 말라 죽을까봐
저 높은 天에서는 영롱한 투명구슬을 내려주네
얼마 지나지 않아 근사한 모습으로 변해가겠지

들판에 변화한 모습으로 아름답게 마음껏 넓혀가겠지
하나의 생명이 力있게 살아가는 모습을 바라보며
人들도 힘겨웠던 시절이 지나고 나면

心에 春이 찾아오겠지

2부

담벼락의 변신

그대와 함께라면

먼 거리를 거닐 때
가벼운 마음 일진대

높은 산을 오를 때
피곤치 않고

구름이 앞을 가려도
빛줄기로 맑을 터

부는 바람에
그대 사랑을 느낄 수 있고

보기만 해도 설레는 마음

그대와 함께라면
달콤한 노래로
삶과 진실을 담아낼 터

숲속 나무들의 속삭임

흐르는 세월 속에
거대한 숲을 이루고

이야기 하듯
거목이 되어버린 마당에도
우아한 자태를 뽐낸다

어린 나무와 어른 나무도
암 나무와 수컷 나무도
사방에 있는 나무도

숲속의 모든 나무들의 속삭임은
오직 인간을 향하는 몸짓이다

이름 모를 꽃

보이지 않고
이름은 없으나
아름다운

당신의
마음에 맺혀진
추억과 상상의 환희

나의
마음에 달려있는
우정과 사랑의 열매

찾으려 해도
찾을 길 없으나

이름 모를 꽃은
언제나
그리움 한 아름 피우고 있다

추억의 끼니

가난으로
호미자루 들고
밭으로 나서던 곳

철되어 뒤 없을 때
줄기 하나에
줄줄이 맺혀진

동지섣달
동치미와 익혀진 김치

따끈함의 입맞춤이
추억의 끼니로 배가 부르다

어우른다는 건

소중한 인연에는

피부색이 다르고

부유함도 다르나

꾸밈없는 마음으로

우아한 모습으로

잘 어우르는 것

모난 곳이 있어도

다독이며 끌어안는 것

헤어짐

처음부터
잘못된 만남이라면
만나지 않음이 좋았을 터

수많은 사람들 중에
무엇과도 바꿀 수 없는
가장 귀한 선물

마음이 변하고
다르다 하여
헤어질 거라면
작은 것 하나만 남겨 놓고

훗날 그대가 돌아올 수 있다면

성급함이란

계획함이
쉬 이루어지지 아니하더라도
좌절하지 않음이 좋으련만

조금 늦음이
배가 될 수 있을 터
서서히 다가오는 건
부피와 량이 너무 크기에

성공과 부를 위한
성급함은 화를 부르기 쉬우나
시간이 흐르고 나면
천성에 들어가는 것처럼
기쁜 소식일 것이다

꽃의 진실

꽃망울은 진실이 아니다
진실이라고 생각하지도 마라
일부를 바라본 것일 뿐

곧게 자란 꽃은
절화로 고귀히 쓰임받기도 하지만
역시 마찬가지

꽃은 피어야 향이 흐르고
꽃은 피어야 열매를 맺으며
꽃은 피어야 사랑과 귀함을 받는다

이것이 꽃의 진실인 것이다

떠난 후

악랄한 세상일지라도
그가 떠난 자리는
생각보다 훨씬 아픔이 일고

사람이 떠난 자리는
흔적을 남기기 마련인거야

빛이 길을 잃고 떠난 자리는
어두움이 일고

또 그가 떠난 자리는
체취가 남아있고
숨결과 추억이 고인다

매미의 고귀한 일생

기나긴 세월동안
애벌레로 살아온 세월의
옷을 벗는데

흙속에 있었던
어둠의 시간을 지나
높은 하늘을 따려는
울부짖음이다

울음에는
아름다움이 서리고
뜻이 있으련만

연주하듯이
울어대는 애처로움이
누구를 찾아 떠나는 길인가

낙엽의 환원

찬바람에
잎이 익어 감을

산과 대지엔
각색의 옷을 입고
춤을 담는

다시 못 올 곳으로
떠난다지만

다시
나무의 뿌리로 가는
귀향길인가

커피 한 잔을 마시며

너와 내가
마주 앉아
무 음성의 대화를 하는데

시간이 흐르고
커피 한 잔 속에
얼굴을 묻고

흐르는 색깔로
마음을 섞어
눈으로
품안으로

시간이 흐르다가
둘이서
하나가 되어

창밖이 환하다

둥지

도심 속
큰 가로수 나뭇가지에
둥지들이 보이고

부잣집은
넓고 높게 담장을 치나

풋내기 까치는
나뭇가지를 물고
하나하나 쌓을 때

튼튼한 둥지가 되고
알을 품는 보금자리가 되는데

부러지고
버려진 가지도
까치에겐 집이 되는 것을

아기를 위한 선택

엄마되기 전
상상도 못할 일

엄마는
신비롭기만 한
자연의 순리와 함께

자궁을 떠난 아기
첫 식사를 위해
스스로 생산한 인유

달리는 기차 안
배고파 우는 아기
젖을 물릴 때

사랑이 담긴 엄마는

아빠의 하루

고향을 떠나
살아가기 힘드나

하루하루를
그렇게 살다 보면
어느새 새로운 길이 되어

아리따운 여인과
둥지를 틀고 결실을 맺으니

불철주야
숱한 비바람을 이겨낸 자리

마당 가득
채운 그림자가 흐뭇하구나

하늘도화지

새싹들의 그림은
부끄럽지 않나보다
활력이 넘쳐난다

하얀 마음으로
온 힘을 다한 모습이
참으로 어여쁘다

새싹들은 해, 달, 별을

고목을 보고도
푸른 하늘에 이름을 쓴다

어머니의 마음

어느 세월에
어렵사리 살아오신
하나 둘 셋 열이라도
잘 키우시어

풀죽도 먹일 수 없는
가난 속에
그저 잘 자라주기만을
한숨을 숨기시던

아픈 물집으로
군살이 돋아
오직 자식만을 위해
온 몸을 태우신
어머니

꽃 속의 꽃

어쩌다
바라본
숨겨진 얼굴
보이지 않을 듯 작으나

가까이 다가서서
접사처럼 들여다보면
그의 아리따움을 발견하고

깜찍한 모습으로 미소내밀 때
표현할 수 없을 신비로움이
새 길을 열개하면

한적한 길
더 이상 나아가지 못하고
한동안 머물게 한다

아내의 얼굴

그 언젠가 만난 그대의 얼굴
진실로 아름답구나
주름도 없는 얼굴
참으로 아름답기만 하구나

빛깔 좋은 그대의 모습
일을 마치고 보금자리로 들어가노라면
반기며 웃어주는 참으로 어여쁜 얼굴

나도 몰래 시간은 흐르고
창가에 앉아 있을 때에
눈가에 한 가닥 그려진 한 줄기 주름이
정말로 미안하구나

누군가 막을 수 있으랴 흘러가는 시간을
수고와 고생이 담긴
한 줄, 두 줄, 보이는 아내의 주름진 얼굴
이토록 가엽기만 하구나

이제는 지켜주련다
얼굴에 주름이 늘어나지 못하게
기쁨과 믿음으로 행복한 웃음을 주리라

두 뺨에 닿는 바람

무더운 날씨에
하루를 지낼 때
생각에 잠기게 한다

수많은 사람들은
고통 속에 흔적을

아무도 모르게
두 뺨에
다가와 맺혀진

값없이
키스하고 떠난
짝 없는 바람

브겐베리아의 아름다운 표현

어느 누가 바라보아도
살아 있지 않는 듯한
앙상한 당신의 모습에
생기를 찾아 볼 수가 없네

뾰족하기만 한
당신의 가시를 볼 때엔
그 누구도 다가 설수 없을 듯

어느새 손을 대면 떨어져 버릴
연분홍치마 종이꽃처럼
당신의 부드러운 모습은

오라고 손짓을 하는
수술들의 흔들림 속에

당신의 가시를 잃어버린 채
무심코 다가선 화살 같은
넓은 들판에 벌들이 난다

엄마의 손

그 모진 고난
세월이 지나

따뜻함이 일고
포근함도 함께 인다

누구 나도
한 번쯤은 배 아리의
경험이 있으련만

거친 바람과
파도가 일어도
엄마 손의 위대함은
거짓처럼 나음이 있었다

산속에서

능선 따라
보이는 것만으로
다 산이 아니다

깊은 산속
계곡 가에
야생화와 난초가 살며

뻐꾸기, 부엉이, 꾀꼬리, 딱따구리
합창소리에
다람쥐가 춤을 추면

나무들도
바람을 붙잡고 신명이 난다

고목이 된 목련화도

깊은 생각에
도심을 거닐다
한 그루의 고목을 본다

고목이 되어도
하얀 살결로
잠옷을 조심스레 여는데

목련화의 웃음이
걸음을 멈추게 하고

맑고 청화함을
디카에 담는다

그리운 아빠

잊혀져간
지난날의 기억
힘겨운 삶에
가마니 하나 덥히우고

무심코
잠결에 아빠의 품에 들어가

어느 덧
싸늘한 몸이 되어 버린 아빠

그래도
아빠의 사랑이
따뜻했습니다

그립습니다
보고 싶습니다
사랑합니다

그리운 아빠

긴 머리

고요했던
풀밭사이로
바람이 일고

잔잔하고
거센 바람에도
아랑곳 하지 않는
강아지풀처럼

긴 머리
털 송이 같은 씨를 닮고
세차게 흔들려도
부러지지 않는 자리에
그대로 있다

가장 귀한 선물(친고)

아픔, 슬픔
외로움이 내밀려도

부유함과
가진 것은 없으나

혹여
세상을 떠난다 해도

비밀의 상자를
값으로 따질 수 없는

도자기처럼 변하지 않는 마음
귀한 선물은 친고(친척과 벗)로 여기노라

귀성길

너 나 할 것 없이
추억을 머금은 고향에
부푼 가슴으로

고마움의 표현을
바리바리 싸들고
힘차게 나아가는 길

기뻐하는 마음도 잠시
꽉 찬 길목과 도로에
화를 낼 듯하지만

어느덧
고향의 향내로
정감이 흐르고
가족, 친지, 벗을 향할 때
웃음이 가득하다

산기슭에 피어나는 산국 들이

가을 문 열고
찬바람이 이는
산기슭을 거닐다

햇빛 가르고
노랗게 핀 산국들

찾는 이 없는 길
스스로 살았노라고

바람에 실려
배달을 하려는
마음의 번지를 접는다

담쟁이의 사랑

바람을 내도
떨어지지 않는

담쟁이의 사랑은
잠시도 놓지 않으려는 모습

그리도 좋은지
각 각의 색으로
어여쁘게 꾸미려 하는지

겨울마저
앙상한 줄기로
담장이 추울까봐
몸으로 감싸주건만
담쟁이는 가슴이 시리다

숲 향

깊은 숲속 미생물도
생명의 위협을 느낄 때
본능으로 뱉어놓은 피톤치드

살기위한 노력은
인간을 이롭게 하고
건강한 숲을 이룬다

우거진 숲속에서
숨을 들어 마실 때
숲 향을 깨달으며

어떤 향인지 알지 못하나
향을 느낄 수 있으니
발걸음이 가볍다

희미한 가로등

매일 같이
밤이 새도록
누군가를 기다리며
빛을 밝히는 건

사랑으로
어두운 밤 잃어
길을 헤매이는
당신을 위해서 일까

밝은 낮
여인의 민낯을 보기에
자신이 없어서 일까

보상을
바라진 않아도
찾아와주는 이가 있다면
낮을 포기하련다

담벼락의 변신(벽화)

세월을 자랑하는 듯
얼룩지고 까만 벽이
풋내기들의 마음을 열개하고

흔적을 남기고 싶어
생각에 잠긴다

어느새 하얀 색으로
옷을 갈아입히고
한 장의 사진처럼 수를 놓으며

차츰차츰 변해가는 모습에
아침이 온다

3부

어둠속에 빛이 있다

새로운 마음

지나간 시에 그러했던들 무엇하리

앞으로 찾아올 시에 넘쳐난들 무엇하리

오늘의 함박웃음이 소중한 걸

지난 시를 그리워한들 무엇하리

먼 훗날 세상을 다 산다한들 무엇하리

지금 이 순간 곁에는 아무도 없는 걸

허나

행동을 새롭게

생각을 새롭게

마음으로 다시 한다면

잡초 같은 인생

들판에 놓여 진 풀처럼
이리 패이고 저리 패여도
밟아주는 이가 있다면

아랑곳 하지 않고
끈질긴 모습으로
살아 솟아오르는 듯
당당하게 사르나

고달픈 삶에
힘들어 하는 모습이
들판에 놓인 잡초처럼
살아갈 수 있다면 좋으련만

흐르는 세월

착각하지마라

흘러가는 건,

변해가는 건,

너도, 나도 일세

봄에 일어나는 현상

그리도 아름답던 장미꽃도
앙상한 가지로 추위를 견디어 내었나 보다

산에서 피어나는 진달래꽃도
떨어진 잎과 함께 가지만을 남기고
추위를 견디어 내었나 보다

들판에 피어나는 들국화도
메마른 가지를 남기고
추위를 견디어 내었나 보다

파란색의 하늘에서
달콤한 비를
내려 보내면

메말랐던
장미꽃이랑, 진달래꽃이랑, 들국화 꽃이랑
연녹색으로 생기가 돋아나겠지

가난이랑, 고난이랑, 막힘이랑, 변화하길 바라는 것들이
좋아하겠지

빗속을 가르며

살 동안에
막힘의 연속인 것을

뚫어 보겠노라고
열심히 달려보건만

제자리에 맴돌고
나아가지 못하는

자신감으로 나아갈 때
무엇인들 못하랴
힘차게 달려보자꾸나

참 좋은 친구의 의미

살아가는 동안 (후회)
험난한 계곡을 만나도

사는 동안 (사랑)
건너지 못할 강을 만나도

살 동안 (동행)
넘지 못할 산을 만나더라도

참 좋은 친구는
허허로운 웃음으로
안아준다네

욕심 때문에 생긴 일

실패와 좌절 속에
누군가 손을 내밀며 다가와 줄 때에
감사, 고마움에 진실어린 하얀 웃음이

크나큰 꿈을 가슴에 품고
이슬처럼 변해버린 모습에
초심을 잃지 말자던 굳센 약속이

까만 늪 속에 빠져버린 모습에
나아갈 길을 찾지 못하네
하얀 빛이 보이는 듯하여 찾아가 보지만
가까이 다가서면
하얀 빛은 어디론가 사라질 터인데

마지막까지 정상에 서 있기를 바라는 마음은
화를 만나게 되는 법인 것을

언제나 오늘

밤이 맞도록
무거운 발걸음으로
내일을 꿈꾸고

시골 밭 향으로 맺혀진
풍성한 열매처럼

종일토록 수고로이
하루가 지나도

언제나 오늘인 것을

훗날 세상을 마친다 하여도
웃음이 가득한 오늘이었으면

추위속의 희망

어제는 태양을 가리웠는데
오늘은 큰 기둥에 앙상한 가지 뿐

추위를 견딜 수 있을까

거센 바람이 불어도
눈보라가 때려도
오히려 눈꽃으로 화답하는데

깨끗한 유리꽃도 잠시
눈부시게 했건만

어느덧
눈을 살포시 띄우며
푸르른 옷을 갈아입은 채
시계를 본다

고된 하루

이슬과 함께 하루를 열고
몸을 이끌 때에
강렬한 힘이 넘쳐난다

타인의 시선에는
아랑곳 하지 않으며

오직 그의 흔적을 위하여
가식 없는 듯 열정을 다하는

비로소 깨달음이 일고
커피 한 잔의 향에 흘려 보낸다

기약 없는 약속

소설을 지나
첫 눈 오는 날의 약속

외면해도 될 듯한
기다림은 아픈 것이거늘
하염없이 눈시울을 적시고
마음을 설레게 하는데

노래와 시에 취해 버린 밤
첫 눈 내리기를
기다리는 마음으로

기약 없는 날
첫 눈을 기다리는 건

첫 눈 같은 사랑으로
만나야할 사람이 있었으면 좋겠다

노란 은행잎

담장 넘어
저 산도
파란 잎이었거늘

지나는 세월이
무엇이 급하다고
그리도 빠른지

노란 잎으로 변한 모습이
마음에 일렁이는데

그 마저도
한 잎 한 잎 떨어지다
우수수 쏟아진 모습이

가을의 끝자락을 알리는 듯
향연 속으로 묻힌다

바람

길을 잃었다 하여
눈물 흘리지 말고

길이 막힌다 하여
힘겨워 마라

초행길을
혼자서 거닌다는 건
두려운 일 일진데

꿈을 가졌으나
나아가지 못하는
바람에 밀리는 삶의 길

흐르다 보면
생명의 길을 만날 수 있으련만

늦가을의 따스함

바람이 불어와도
걱정거리가 몰려와도
외로움이 찾아와도
누군가 옆에 있기에
나는 따스합니다

차가운 비가 주룩주룩 내려도
눈물을 흘릴 일이 있어도
아무리 가슴 아픈 일이 있어도
누군가 옆에 있기에
나는 따스합니다

함박눈이 내려도
캄캄한 밤이 눈으로 덮여도
누군가 옆에 있기에
우리는 따스합니다

어둠속에 빛이 있다

큰 빛도
작은 빛도
아래를 향해 비추이고

큰 빛은 한낮을
작은 빛은 어두움을

멀찌감치
바라본 세상은
어두움이 아니라

한발치서
바라본 세상이
숨겨진 빛이련만

두려워 말고 들어가 보라
빛이 당신을 기다리는데

시골길의 추억

그 옛날
추억을 머금은 길
도심에 지칠 때
눈망울엔 구슬이 흐르고
시골 향연을 상기해본다

언덕 너머로
햇살을 가르고 거닐던 길
이름 모를 꽃들과 강아지풀
논두렁 밭두렁

앉아 있는 고추잠자리
울어대는 개구리

애오라지
가시밭길에 어울진 나팔꽃
머금은 길을

겨울이 다 가기 전에

가난에 허덕이는 잠자리
문 사이에서 들어오는
차가운 바람과 함께
잠이 든 우리들의 보물들

며칠 전 눈썰매장을 다녀오자고 약속을 했는데
사정이 좋지 않아 지키지 못한 이야기 뿐
겨울이 다 가기 전에 한 번쯤은…

어느새
봄인가 하는 마음이 들어갈 때

어찌할 수 없는 시간 속에
오늘은 그랬지만,
내일은 새싹이 돋아나겠지

겨울이 다 가기 전에

가을찬미

누구도 표현 못하고
만들지 못한다지만

싸늘한 바람이
숲속의 파란 잎새에
색동옷을 입히고

흐느적거리는
코스모스 길을 거닐다

빛깔로 물든 모습에
지난 일들을 비우누만

저 멀리 보이는
찬란한 빛에
변해버린 입술처럼
어떻게 표현하랴

국화처럼

새 파란 옷을 입고
서 있는 자태에
반한 듯한 바람이

아름답게
사랑을 속삭이는
차가운 바람이 일고

바람의 마음을
화답하듯이
꽃망울을 여미는데

사랑을
각색으로 뽐내는
가을 국화에
연인도 향기에 물든다

사노라면

여러 모양대로
나타내는

언젠가는
꼬오옥, 꼭
이루어 질 거야

꿈이 있는
내일이
밀려온 다는 것을

겨울비 오는 새벽녘

겨울엔
눈을 기다리건만
눈이 되지못한 서러움에
눈물을 흘린다

그 눈물은 겨울비라 일컫는다

새벽부터
눈으로 보이고 싶었나보다

칼바람처럼 차가운
안개로 앞을 가리려 하나
쌓이진 않는구나

나뭇가지
눈물 고이고
기다림에 눈은 아닐지라도
청렴함이 보이는 구나

일

살아가노라면
누구나 필요한 것은

일은 언제부터 있었는가
노동일까
누구나 필요한 것을
남은 삶을 살기 위해선

굳은 일

슬픈 일

힘든 일

아름다운 일

보람된 일

좋은 일

기쁜 일

무수히 많지만

어떤 일을 원할까
말을 안 해도
좋은 일과 아름다운 일이다

혼자만을 위해서 하는 것이 아니기 때문이다

3단계의 길

어린 시절에서
학창시절로
뿌연 안개를 품는 버스로
가던 등굣길

덜컹거리는 철길을 따라
꿈을 꾸며
발걸음에 힘을 주어
집을 나서던 출근길

그릇을 비우고 채워가며
지나간 시간을 밟고
떨어진 이삭을 남긴 채
해 그림자 지고 가는 길

가을 문

뜨거운 여름을
견디어내지 못한다면
가을을 맞이할 수 없겠지

밤새 내린 비들이
문을 두드리고
내려쬐인 햇볕이
뜨겁지 않아

이 문에 들어오는 이에겐
풍성함이 기다리는데

알알이 익어가고 있을 무렵
가슴을 활짝 열고
가을의 문에 들어갈 수 있을까

강가의 자갈

강기슭에 놓인

여러 형태의 모습
이 또한 우여곡절의 상처

흐르는 강에
몸을 싣고 구르다가
바위에 부딪쳐 깨지나

긴 세월동안
상처는 아물고
거친 살들이
여인의 피부를 닮으려하면

숱한 시간의 굴림이 있어야 할 터

꽃의 선물

하얀 마음으로
진심을 보이고
값없이 사랑을 나누며

주는 이가 좋아하는
받는 이가 좋아하는 꽃을

꽃의 선물을 남발하는 것보다

꽃 향을 머금고 취할 수 있는
마음을 가진 이에게

한 웅큼 안겨주고 싶구나

가을의 빛깔

빛깔의 옷을 입고 묵묵히 서서
예쁜 여인을 기다리듯

한시도 가만히 있지 않고
팔랑대는 잎사귀들의 간절한 몸부림에

그토록 기다리던 빛깔 좋은 여인들이
누가 먼저라 할까

가양각색의 옷을 입고 미를 뽐내며
나타나는 가을의 빛깔
슬프도록 아름답구나

둥지를 떠나는

암흑에서 빛으로
엄마 아빠와의 만남
어린 시절 보내고 학창시절로

온갖 흔적을 남긴 채
둥지를 탈출 하듯이
떠나려는 건

빈 둥지처럼 느껴지는
상실감도 있으련만
성장한 모습은 대견함도 있으려니

또 하나의
새 둥지를 틀려는 모습에
가슴이 벅차오른다

바람의 흔적 1

살랑 살랑 부는 바람
누가 누가 좋아할까
뜰 안에 있는 조그마한
꽃 한 송이가 좋아하지

숲속 나무사이로 부는 바람
누가 누가 좋아할까
할미꽃이랑 진달래꽃이 좋아하지

시원하게 부는 바람
또 누가 좋아하나
어여쁜 난초들이 좋아하지

바람은
곤이 잠들어 있는 꽃들에게 다가와
조용히 속삭인다

바람의 흔적 2

어디에 선가
불어오는 시원한 바람
때로는 힘없이
살며시 불어와

밭에서 일하는 농부의 이마에
흐르는 땀을 씻어주기도 하지만

때로는 강하고 무섭게
거센 바람이 불어와
한 해 농부의 수고를
헛되게 하기도 하지

안타까워 흘리는 눈물을
알려나 모르려나

수고의 결실을 앗아간 뒤에
모른 척 하는

거세고 강한 바람
밉기도 하다

바람의 흔적 3

높은 곳에 부는 바람이
무섭구나
아래 있는 꽃들은
떨어질 수도 있는데

기나긴 치마 바람도
때로는 높은 곳을
흔들기도 하지만
못내 눈물 흘리고

가냘픈 꽃들에게
환희의 바람이
살포시 불어와
웃음을 연다

가을의 女人

구슬 속 흐르는 옹달샘에
따뜻한 물이 흐르고
어두운 빛과 옛 추억을 회상하고
붉게 염색되어 떨어져가는
메마른 잎을 밟으며
고독, 외로움, 쓸쓸함을 느낀 채
걸어가는 가을의 女人

가슴속에 그리워진 아름다운 섬
보일 듯 말 듯한 자그마한 희망에
함박꽃이 피어나고
새로운 시작을 위해
옛 생각을 지우며
바람에 날릴 듯한 추위 속에도
보란 듯이 일어나는
어여쁜 가을의 女人

후회 없는 인생

흐르는
세월 속에
숫자는 많아도

잎사귀가 다 떨어진
홀로 벤치에
외로이 앉아있을 지라도

후회하지 않으리라

한 순간의 선택이
잘못 되었다 할지라도

후회하지 않으리라

그것은
나의 선택이요
나의 운명인 것을

어차피
그 길을 가야 한다면
달게 기쁨으로 나아가리라

희망이 넘치는 心으로

어느 날에 시인이 되어

살다가, 살다가 분노 있거든
살다가, 살다가 힘이 겹거든

살다가, 살아가다가 멀미나거든
쉬엄쉬엄 가려오

한 시에
꽃이 피고 지는 것은 아니니

세월이 흐르는 동안
수마되어 마음껏 미를 나타내듯이

잠시
쉬어 쉬어가려오

| 跋文 |

술래와 순례의 변주곡

안 익 수 (시인, 한국문인협회 편집위원)

삶이 앞서가면 시는 문패를 내린다. 앞서가는 시간의 발걸음을 붙잡을 때 비로소 시와 동행을 하게 된다. 낙엽이 지면 시는 일어서고 삶이 관념이 되면 관념은 시를 떠다밀게 된다.

관념의 불이 타오를 때 시상의 불은 재가 되는 것이다. 시가 언어가 될 때 이미 언어는 시가 아니다. 이것이 곧 시의 술래다. 시인은 시를 통하여 시간의 변명을 눕히고 상상력을 부화시켜 꿈의 술래가 되는 것이다.

시로 삶을 찾으려 하면 되레 시는 더 멀리 숨는다. 시의 궁극적 관심은 감성의 꽃가마에 이성을 태우는 것이다.

그러기에 이강일 시인은 이미지와 관념을 밟고 직관과 영감으로 언어의 여정에 오르는 세상의 술래와 신앙의 순례자다.

그의 시적 여정을 한 번 따라가 보자.

오랜 추억을
　머금은 채
　　우연히 넘긴 책 하나

외로이
　잎 하나 코팅이 되어
　　님을 기다리듯
　　　　묵묵히 기다리네

무심한 당신
　한 번만 한 번만 이라도
　　　　바라봐 주었으면 좋으련만…

〈긴 세월동안〉 전문

월트 휘트먼(Walt Whitman)은 '시의 창작은 자신의 피를 비롯한 신체의 일부를 시 속에 담아내는 과정' 이라고 했다. 즉 자신의 시가 자신으로부터 떨어져 나간 "붉은 정맥"(red veins)이라는 말이다.

시심은 세상과 함께 출반주 하여 노래하는 역동적 가락이어야 한다. 시인은 시적 정신과 인간의 삶을 외면해서도 안 되며 시의 울림이 사람과 세상을 깔보아서도 안 된다.

이강일 시인의 언어는 세상에 나가 사람과 자연 속에서 생명의 술래가 되며 인간의 얼과 노래로 어깨동무를 하고 있다. 어쩌면 현실적 아픔을 거부하는 상상의 밀랍으로 꿈을 형상화 시키는 게 아닐까.

/오랜 추억을 머금은 채 우연히 넘긴 책 하나/ 이것은 바로 세상과 교감하고 있다는 반증이 아닌가.

다음의 시에서 그의 시적 감흥이 시간과 어떻게 공명하여 삶의 지평을 여는지 엿볼 수 있다.

꽃망울은 진실이 아니다
진실이라고 생각하지도 마라
일부를 바라본 것일 뿐

곧게 자란 꽃은
절화로 고귀히 쓰임받기도 하지만
역시 마찬가지

꽃은 피어야 향이 흐르고
꽃은 피어야 열매를 맺으며
꽃은 피어야 사랑과 귀함을 받는다

이것이 꽃의 진실인 것이다

〈꽃의 진실〉 전문

시인이 말하는/꽃망울은 진실이 아니다/ 이 말은 고뇌하는 시심의 중심이 도시에서 자연으로 이동하는 통로이자 아픈 세상이 힐링을 요구하는 간구다. 그러기에 그가 추구하는 땀의 이상은 낡은 세상의 도구를 숫돌에 누이는 것이다. 비로소 그의 시적 상상은 세상을 향한 화살이 되고 과녁을 세우는 일인 것이다. 유심히 보면 언어의 뒤편에는 반드시 환한 창문이 열려 있다. 흘러간 시간들의 자리에 씨앗이 떨어져 꽃을 피우려는 의지의 표출인 것이다. 시인은 그 꽃들과 화답하며 /꽃은 피어야 열매를 맺으며/ 이처럼 세상의 진통이 낳는 열매를 기필코 나누고 싶은 술래의 동작이 아닐까.

그는 관념의 함량을 덜어내며 현실적 편견에서 벗어나려는 감성의 의지가 밝다. 근사한 언어로 이미지를 추스르기 보다는 맛있는 정감으로 언어의 집을 꾸민다.

그러기에 그의 시는 언어로 짓는 감성의 붉은 사과다.

비로소 삶의 타작과 아름다운 시상의 고뇌는 다음과 같은 시의 춤으로 열린다.

능선 따라
보이는 것만으로
다 산이 아니다

깊은 산속
계곡 가에
야생화와 난초가 살며

뻐꾸기, 부엉이, 꾀꼬리, 딱따구리
합창소리에
다람쥐가 춤을 추면

나무들도
바람을 붙잡고 신명이 난다

〈산속에서〉 전문

그의 시에서 발원하는 '합창소리'를 입에 물고 몸살하는 세상에 주사한다. 그것은 세상과 자연이 만나는 푸른 빛깔의 환상적 하모니로 승화된다. 마치 현실적 갈망의 언어와 희망적 욕망의 바람소리로 비상한다. 그래서 그의 심상적 언어의 중심은 삶의 질긴 끈기와 희망의 향기가 떠받치고 있다.

결국 서로 다른 사유의 날실과 씨실로 짜는 언어의 색조는 심상의 옷이 된다.

다음의 시를 통하여 구체적인 사상(事象)의 궤도를 따라가 보자.

세상을 살아가는 방법은 수없이 많지만
인간의 욕구, 마음가짐에 따라서

살아온 세월이 얼마인지 몰라도
다시 시작을 하는 인생관이 있고
다시 시작도 하지 못하는 인생관도 있고
시작은 하였으나 포기하는 인생관도 있다

그러나 생각을 바꾸면
그 무엇인들 못하랴

할 수 있다고 생각하면
그 무엇인들 못하랴

할 수 있다는 두 마음 속에는 전쟁이 일어나고
어떤 이는 좌절에 빠지기도 하고.
어떤 이는 희망이란 단어가 부끄럽게 하기도 하고
어떤 이는 시작은 했지만 더 이상 나아가지 못하며
어떤 이는 잘 견뎌내어 주기도 한다

우리는 늦었다고 생각할 때에
흔들거리는 갈대의 마음보다는
시골길에 묵묵히 서있는 정자처럼
수많은 사람들을 보듬어 줄 수 있는
그래서 사과가 붉는다

〈그래서 사과가 붉는다〉 전문

여기서 시의 저울은 삶의 아픈 무게를 들어 올린다. 여정의 나루에 다시 배를 띄운다. 시인은 든든한 시간 한 움큼을 다시 내려놓는다.

마치 삶의 거리에서 집어든 무게는 /세상을 살아가는 방법은 수없이 많지만 /살아온 세월이 얼마인지 몰라도/ 이러한 시구에서 드러나는 현실은 삶의 여정에 떨어지는 낙엽의 순리에서 자신의 그림자를 저울추로 보는 것이다. / 희망이란 단어가 부끄럽게 하기도 하고 / 수많은 사람들을 보듬어 줄 수 있고 / 이 말은 곧 삶의 여정에 피는 이정표와도 같다. 그래서 지금은 아픈 길을 지나 세상 밖에는 사람의 웃들이 피고 지는 이력을 말하고 있다.

다음의 시에서 여로의 낮달이 어떻게 피고 지는지를 암시 한다.

원 속에 쓰여 진
숫자가 무게이건만

어쩌다 없어
잡이지 않는 것은

추억에
동전 놀이로
동전 하나의 소중함은 있다

마트에 카트를
움직이지 못하고
무거운 짐을 지어야 하는 모습이 있다

우 헤헤헤

〈동전 한 닢〉 전문

비교적 변질이 덜 된 서정적 시공간을 살피며 문명의 이기로 파생된 변이는 결국 하늘에 닿아 있는 부산한 거리에서 만나게 되며 /동전 하나의 소중함은 있다 /무거운 짐을 지어야 하는 모습이 있다/ 이처럼 삶의 흔적을 화폐로 대변한다. 시인은 삶의 무거운 짐을 비상구를 향하여 탄탄한 에너지를 배달하고 싶은 것이다.

그러면 다음의 시는 어떤가.

세월을 자랑하는 듯
얼룩지고 까만 벽이
풋내기들의 마음을 열개하고

흔적을 남기고 싶어
생각에 잠긴다

어느새 하얀 색으로
옷을 갈아입히고
한 장의 사진처럼 수를 놓으며

차츰차츰 변해가는 모습에
아침이 온다

〈담벼락의 변신(벽화)〉 전문

그의 언어의 사상(思想)은 추상적 멜로디를 예감케 하는 기억의 유물과도 같다. 꿈꾸는 세계를 진실이라고 믿어버리는 사유의 현상이 꿈틀거린다. 그는 언어의 추상을 사냥하지 않고 현실적 타성에 신비한 처방을 주문한다. 그러기에 언어의 색채는 이성적이며 따뜻함이

숨어 있다. 그가 차린 언어의 밥상은 조촐하지만 군침이 돈다. 어쩌면 이것이 그가 갈망하는 시적 휴머니티(humanity)가 아닐까.

시적 언어가 이론적인 걱정을 하면 시는 침묵하는 법이다. 신비의 환상이 구체적인 리듬으로 발산할 때 심상은 율동하게 되는 것이다. 시인은 시를 두고 일상적 과거의 '한 장의 사진처럼 수를 놓는' 복제가 아니라 내일의 둥지에 이상향을 품고 있다.

다음의 시에서 그 삶의 간구는 붉은 꽃을 피운다.

그리도 아름답던 장미꽃도
앙상한 가지로 추위를 견디어 내었나 보다

산에서 피어나는 진달래꽃도
떨어진 잎과 함께 가지만을 남기고
추위를 견디어 내었나 보다

들판에 피어나는 들국화도
메마른 가지를 남기고
추위를 견디어 내었나 보다

피란색의 하늘에서
달콤한 비를
내려 보내면

메말랐던
장미꽃이랑, 진달래꽃이랑, 들국화 꽃이랑
연 녹색으로 생기가 돋아나겠지

가난이랑, 고난이랑, 막힘이랑, 변화하길 바라는 것들이

좋아하겠지

〈봄에 일어나는 현상〉 전문

이강일 시인의 시심은 수학의 방정식이 아니라 바람꽃에서 피어나는 한 송이 향기다. 그 꽃에 물을 주며 언어를 따는 시간의 술래다. 그는 실상과 허상을 대조적으로 구사하며 고정관념과의 동맹에서 족쇄를 푼다. 구사하는 언어의 공간은 협소한 듯 넓고 환하다. 언어를 비틀거나 썰지 않아서 담백하여 향긋하다. 그 움을 틔운 언어의 물감이 수를 놓으면 삶이 되고 그 물감이 옷에 물들면 비로소 시간의 여정에는 신앙의 종소리와 순례가 시작된다.

다음의 시에서 순례의 길을 나서는 시인의 시적 미학이 여실이 드러나고 있다.

큰 빛도
작은 빛도
아래를 향해 비추이고

큰 빛은 한낮을
작은 빛은 어두움을

멀찌감치
바라본 세상은
어두움이 아니라

한발치서
바라본 세상이

숨겨진 빛이련만

두려워 말고 들어가 보라
빛이 당신을 기다리는데

〈어둠속에 빛이 있다〉 전문

이강일 시인은 시적 언어를 과시하지 않고 낮은 곳으로 앉힌다. 시적 이미지와 상상력은 땅에 내리는 미감(sense of beauty)이자 단비다. 그의 심상의 구름은 인간의 광야에 세운 오벨리스크에 망치를 든다. 그가 접근하는 시적 아이러니는 술래와 순례가 교차되는 심상의 미학적 변주곡이 아닐까. 그러기에 그의 시적 표현의 갈래는 신앙적 고뇌에 닿아 있으며 어둠에서 빛을 캐낸다.

그의 시적 언어는 관념의 틀에서 허둥대지 않고 인간의 감흥으로 살을 품는다. 그의 어둠은 꿈이며 그 꿈을 생명의 존엄과 가치로 해방시킨다.

그의 시적 발현에서 '바라본 세상' 은 믿음과 사랑의 회복이자 인간이 지향하는 궁극적 이상향일 것이다. 그 최고의 가치를 신앙의 순례로 이어가고 싶은 것이다. 그는 인간의 욕심으로 병늘은 문명의 이기를 잘라내며 부러진 양심을 동여매고 있다.

상처 입은 삶을 치유하는 것은 결코 메스가 아니라 믿음의 빛이며 향기임을 토로하고 있는 것이다. 이것이 그의 시적 순례다.

다른 시 한 편을 더 불러내 보자.

살랑 살랑 부는 바람
누가 누가 좋아할까
뜰 안에 있는 조그마한
꽃 한 송이가 좋아하지

숲속 나무사이로 부는 바람
누가 누가 좋아할까
할미꽃이랑 진달래꽃이 좋아하지

시원하게 부는 바람
또 누가 좋아하나
어여쁜 난초들이 좋아하지

바람은
곤이 잠들어 있는 꽃들에게 다가와
조용히 속삭인다

〈바람의 흔적1〉 전문

시인은 자연을 담보한 물감으로 심성을 깨물며 하늘과 바람으로 마음의 터에 삽질을 한다. 두 개의 시상이 부각되는 교차점에서 술래와 순례의 의미가 착상되는 것이다.

시는 자연의 섭리와 이치에 항거하는 부조리한 시간의 섭생에 대하여 훈수하며 그 부스러기를 선물한다.

자연은 집을 지을 때 못질하지 않으며 망치도 들지 않는다. 이러한 과정을 터득하는 것이 시적 미학의 율격이며 시상의 숨결이다.

그렇다. 이강일 시인은 허물어진 문명과 세상의 모순으로 곪은 상처를 언어의 가시로 터트린다. 그 아픈 멍

에를 목청으로 짊어지고 종을 치는 종지기 시인이 아닐까. 사람의 기도를 하늘로 실어 나르는 바람의 심부름꾼이다. 그의 기도는 새벽이슬로 편지를 접어 무지개에 띄운다.

그가 가슴으로 피워낸 시적 이데아는 바람의 노래다. 비로소 신앙의 순례가 된다.

살다가, 살다가 분노 있거든
살다가, 살다가 힘이 겹거든

살다가, 살아가다가 멀미나거든
쉬엄쉬엄 가려오

한 시에
꽃이 피고 지는 것은 아니니

세월이 흐르는 동안
수마되어 마음껏 미를 나타내듯이

잠시
쉬어 쉬어가려오

〈어느 날에 시인이 되어〉 전문

이강일 시인은 사물에서 발산하는 의미의 사상(思想)을 혼합하여 물들인 심상으로 직조하거나 상상력을 구워 하나의 이상적 꿈으로 구체화 시킨다. 그것은 언어의 우상이 아니라 인간의 안식이다. 언어를 들어 이상향으로 가는 침목을 놓는다.

결국 시인이 시를 짓는 것은 발등을 찍고 하늘을 올려다보는 것이다. 미적 상상의 변용을 통하여 시간의 리듬에 화답하며 인간의 본능과 기원을 숙고하는 햇볕을 딴다.

그의 시적 소망은 허구에서 찾는 게 아니라 주어진 삶의 무게를 짊어지며 신앙의 물을 긷는다. 그가 갈망하는 심상의 화덕은 세상을 따뜻하게 데우는 것이다.

삶속의 자신을 분장시키기 보다는 아픈 삶의 웅덩이를 메운다. 가슴은 하늘을 끌어안고 무지개의 언약을 따는 것이 그의 시적 에스프리(esprit)다.

시적 술래의 언어는 풍경이 되고 그 표상의 언어는 심상의 구원이 되어 인간의 순례가 된다.

삶의 물감이 시간의 유랑이라면 추구하는 갈망의 언어는 등불이자 구원의 푯대다. 시의 표상은 휘어진 양심을 편곡하는 하늘의 찬가다.

그의 시는 삶의 광장에 떠도는 바람이 아니라 광야의 간증인 것이다.

그러기에 시적 간구는 이데아(idea)로서 에덴(eden)에 가깝고 미학적 변명은 인간의 오벨리스크에 닿아 있다.

비로소 그는 벌레 먹은 세상의 술래에서 천로(天路)의 창을 여는 순례의 시인이다.

초판인쇄 | 2019년 1월 11일
초판발행 | 2019년 1월 15일

저　　자 | 이강일
펴 낸 곳 | 제3의 문학

주　　소 | 경기도 여주시 명성로 84-20
전　　화 | Seoul Office / (02)2279-3357~8
E-mail | 3munhak@hanmail.net

출판등록 | 2008. 8. 21 제1-2727호

가　　격 | 9,000원

ISBN 978-89-89629-53-5